EVA SCHNEIDER

Das kleine Balkon-Dekobuch

GEFÄSSE, MÖBEL, LICHT & CO.

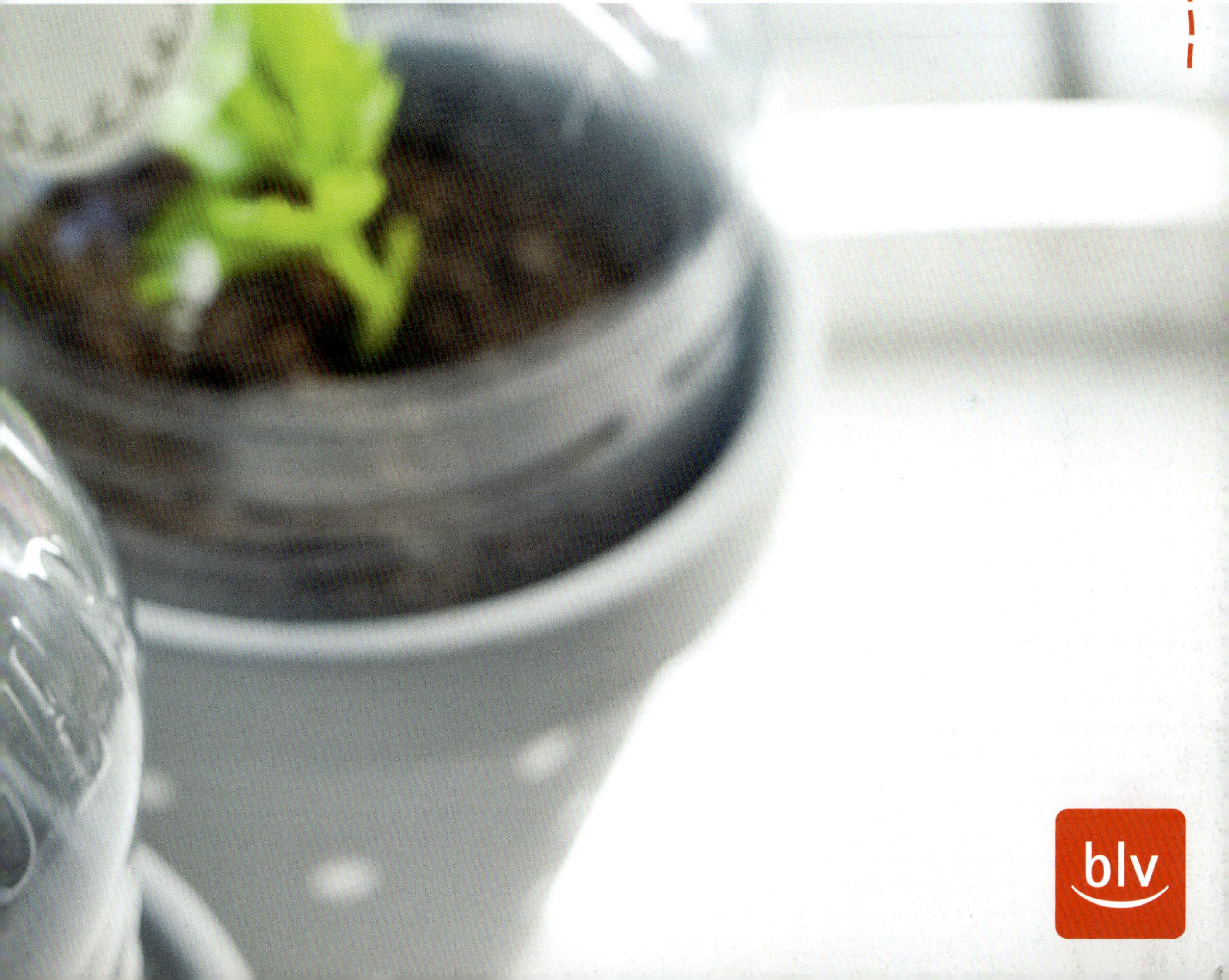

Inhalt

Vorwort

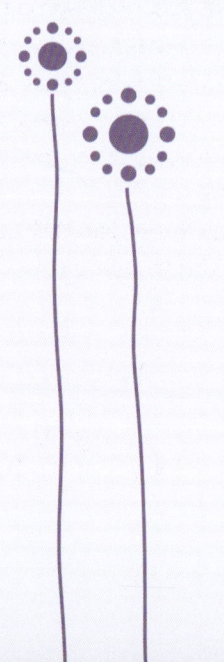

Hallo, Balkonbesitzer ...

viele Pflanzen leuchten in den tollsten Farben in Blumenläden und Gärtnereien, die Luft wird wärmer und die Tür zu Ihrem Balkon öffnet sich – los geht die Open-Air-Saison! Endlich hat Ihre Wohnung wieder ein Zimmer mehr: für die Pflanzenwelt, den Mikrokosmos, für Ordnungshelfer, für eine Relaxzone und natürlich für jede Menge Nachtleben. Bei Ihnen ist noch nichts los? Ihr Balkon liegt noch im Dornröschenschlaf?

Pflanzen, etwas Farbe und Ihre Freude am DIY erwecken Ihren Balkon zu neuem Leben. Viele Materialien haben Sie schon zu Hause und ohne großen Aufwand kann es losgehen. Die Anleitungen in diesem Buch beschreiben Step by Step, wie es geht!

Im Bereich der **Pflanzenwelt** blüht Ihnen was! Bunt bemalte Tontöpfe und eine kleine Anzuchtstation aus Saftkartons lassen Pflanzen sprießen. Die Pflanzenstecker aus Holz und Metall sind dabei eine echte Stütze. Neue Outfits gewünscht? Verkleiden Sie Ihre Gießkanne und Stühle einfach mit Serviettentechnik. Haben Sie noch etwas Stoff übrig? Sonnensegel und Sitzkissen warten schon darauf und machen Ihre **Relaxzone** gemütlich. Upcyclen ist dabei eins meiner Lieblingsthemen. Sehen Sie sich mal um, in der Küche vielleicht.

Muffinförmchen sorgen außerhalb des Backofens für wespenfreie Kaltgetränke in der Sommerhitze ...

Eine ausgediente Schublade wird zum Wandregal, und in bunten Vogelhäuschen versteckt sich die Wäscheleine. Diese **Ordnungshelfer** werden dringend gebraucht. Und weil auf dem Balkon der Platz sowieso immer knapp ist, finden sich im **Mikrokosmos** viele Anregungen für Inszenierungen. Vögel flirten am Lampenschirm und Wäscheklammern treten als königliche Garde auf. Oft sind es die kleinen Dinge, die Ihren Balkon so einzigartig machen und groß rausbringen. Vielleicht brauchen Sie auch ein bisschen Sichtschutz, damit auf Ihren Freiluft-Quadratmetern die gute Laune bleibt? Paletten und Treibholz wären eine gute Alternative. Ihre Oase ist fertig – und bereichert auch Ihr **Nachtleben**. Genießen Sie die blaue Stunde und knipsen Sie die Sterne an ...

Viel Freude auf dem Balkon mit Ihren DIY-Projekten wünscht

En Schneider

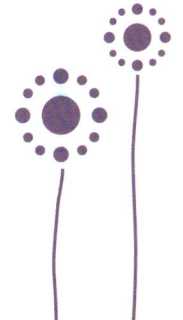

Materialien und Grundtechniken
DIY – die Lust am Selbermachen ...

PASSGENAU: Mit dem Bügeln warten Sie am besten bis kurz vor dem Zuschnitt, damit bis dahin keine neuen Falten entstehen.

... mit Stoff gestalten

MUST-HAVE: *Nähmaschine, Nähgarn, Stoffschere, Schneiderkreide, Stecknadeln, Maßband, Lineal, Bügeleisen, Bügelbrett.* Falls Sie schon lange nicht mehr genäht haben, online gibt's viele Tutorials zum Thema Nähen. Bevor Sie einen Stoff zuschneiden, waschen Sie ihn immer vor. Beachten Sie dabei die Pflegehinweise des Herstellers. Nachdem der Stoff getrocknet und gebügelt ist, erfolgt der Zuschnitt.

TRANSFERFOLIE:
Transferfolie ist ein Spezialpapier zum Übertragen von Ausdrucken auf Textilien. Drucken Sie Ihr Wunschmotiv auf die raue Folienseite und schneiden Sie es exakt aus. Mit einem Bügeleisen lässt sich das Motiv schnell auf den Stoff aufbringen.

... mit Papier experimentieren

MUST-HAVE: *Papierschere, spitze Schere, Cutter, Klebstoff, Heißkleber, Malerkreppband, einseitig klebende Transparentfolie, Haftspray, Kleister, Masking-Tape, Klebeband, Serviettenkleber, Lineal, Bleistift, Lackmalstifte, Filzstifte, Acrylfarben, Stempel, Stempelkissen.*

Papier ist vielseitig einsetzbar und in vielen Farben, Mustern und Stärken erhältlich.

KASCHIERTECHNIK:

Bei dieser Technik werden Papierstreifen schichtweise mit Tapetenkleister auf einen Untergrund aufgeklebt. Die Lampions auf Seite 86 sind so entstanden. Als Form dienen hier aufgeblasenen Luftballons. Nach dem Trocknen lassen sie sich ganz leicht wieder entfernen. Durch die drei Schichten Butterbrotpapier scheint das ideale Licht für laue Balkonnächte.

SERVIETTENTECHNIK:

Mit der Serviettentechnik lassen sich Oberflächen auf ganz einfache Weise gestalten (Gießkanne Seite 23). Von den Servietten – meistens sind es drei Lagen – wird nur die oberste bedruckte Lage verwendet. Vorsichtig die oberste Schicht ablösen, gegebenenfalls das gewünschte Motiv ausschneiden. Der zu beklebende Untergrund wird mit einem speziellen Klebstoff vorbereitet und sollte leicht antrocknen, das Serviettenmotiv wird aufgelegt und festgeklebt. Die schönsten Ergebnisse erzielen Sie, wenn der Untergrund möglichst hell ist.

SCHABLONIERTECHNIK UND STEMPEL:

Glatte Untergründe sind am besten für die Schabloniertechnik geeignet. Die Schablonen können Sie aus verschiedenen Materialien fertigen, beispielsweise aus d-c-fix und Bucheinbandfolie; dieses Material ist transparent und einseitig klebend.

Wenn Sie Schablonen aus Papier und Karton herstellen, bringen Sie die Schablone in die gewünschte Position und fixieren sie mit Kreppband oder einem Haftspray. Nehmen Sie auf einen trockenen Pinsel nur wenig unverdünnte Farbe auf und bestreichen Sie die Schablone oder besprühen Sie diese mit Acryllack. Achten Sie darauf, dass keine Farbe unter die Schablone läuft. Stempel sind vielseitig einsetzbar und sehen immer schön aus, zum Beispiel auf den Blumentöpfen und Pflanzensteckern von Seite 17 und 25.

SERVIETTENTECHNIK: Die vielen unterschiedlichen Muster und Farben der Servietten geben Ihren Objekten schnell ein neues Outfit.

FARBE BEKENNEN: Acrylfarbe lässt sich gut streichen und trocknet schnell. Achten Sie beim Kauf auf speichelechte Farben, diese werden den hohen Sicherheitsanforderungen von Kinderspielzeug gerecht. Für unebene Oberflächen und für Farbverläufe ist ein Acrylspray zu empfehlen.

... mit Farbe verwandeln

MUST-HAVE: *verschiedene Pinsel, im Buch werden ausschließlich Universalpinsel verwendet, Malerkreppband.*
Farbe ist ein wahrer Verwandlungskünstler für Treibholzstücke (Seite 19) und verhilft auch Rosentöpfen zu neuen Looks (Seite 21).
Bevor Sie Ihre Blumentöpfe streichen, sollten sie unbedingt gereinigt werden. Kalkspuren lassen sich mit Zitrone oder etwas Essigessenz abreiben und anschließend mit klarem Wasser nachspülen. Die Untergründe sollten trocken, schmutz- und fettfrei sein. Alle Flächen, auf denen Sie keinen Anstrich mögen, kleben Sie mit Malerkreppband ab. Damit die Neonfarben schön leuchten, ist ein Voranstrich nötig.
Die Pinsel nach dem Streichen sofort im zur verwendeten Farbe passenden Mittel reinigen und mit der Spitze nach oben trocknen lassen.

... mit Draht arbeiten

MUST-HAVE: *Seitenschneider, Rundzange.*
Drähte gibt es in vielen verschiedenen Farben und Stärken und aus unterschiedlichen Materialien. Wickeldraht hat die Stärke 0,6 mm und ist in mehreren Farben erhältlich. Eisendraht ist blank und weich geglüht. Im Buch wurde Eisendraht in 2 mm Stärke verwendet, er ist im Baumarkt erhältlich. Aluminiumdraht ist sehr weich und biegsam. Es gibt ihn in vielen Farben und in 2 mm Stärke.
Zum Abschneiden verwenden Sie einen Seitenschneider und mit einer Rundzange bringen Sie den Draht in Form (Pflanzenstecker auf Seite 28).

... mit Holz bauen

MUST-HAVE: *Bohrmaschine und verschiedene Bohreinsätze für Holz und Metall, Schraubendreher, Schrauben, Hammer, Nägel, Stichsäge, Handsäge, Laubsäge, Raspel, Zollstock, Lineal, Geodreieck, Bleistift, Schleifpapier, Holzleim.*
Das Holz für die im Buch vorgestellten Projekte finden Sie im Baumarkt oder beim Schreiner. Dort können Sie auch gleich alles auf die von Ihnen gewünschten Maße zuschneiden lassen. Verwenden Sie Schleifpapier mit feiner Körnung, um die Kanten der Werkstücke zu glätten. Musterstücke sorgen zum Beispiel auf Seite 54 für Ordnung.

GANZ SCHÖN DRAHTIG: Bei diesen Windlichtern wurde der Draht mit einer Rundzange an den Enden hochgebogen.

PFLANZENWELT

Geben Sie Ihren Pflanzen ein neues Zuhause: In schönen Blechdosen, Tassen oder Backformen. Auch an Ihre Tontöpfe ist gedacht, ein bisschen Farbe wirkt Wunder.

Nummer elf

...es handelt sich hierbei nicht um einen neuen Duft von Chanel, sondern um die Hausnummer einer kleinen Wohnung mit Süd-balkon im fünften Stock in München-Schwabing.

Das brauchen Sie

Zinkeimer
türkises Lackspray
weiße Acrylfarbe
Universalpinsel
Vorlagenmotiv »Zahl«
Papier
Schere
Klebeband
Bleistift

1 Den Zinkeimer sauber machen, türkis ansprühen und trocknen lassen.

2 Das Motiv »Zahl« im Copyshop auf die gewünschte Größe fotokopieren lassen oder einen eigenen Entwurf anfertigen.

3 Das Motiv ausschneiden und an der gewünschten Stelle auf den Eimer kleben. Das Motiv an der Kontur mit Bleistift übertragen und mit Acrylfarbe ausmalen. Den Anstrich eventuell ein zweites Mal wiederholen.

TIPP_Inspirationsquellen.
Vorlagen für Zahlen oder weitere
Motive finden sich in Magazinen
oder online.

Klettergarten für Kräuter

Gut gesichert mit Ringschellen, die sonst bei Dachrinnen Verwendung finden, und in absoluter Sonnenlage duften Basilikum, Salbei, Thymian und Rosmarin um die Wette.

Das brauchen Sie

4 Tontöpfe (ø 10 cm)
4 Ringschellen mit Schrauben
weiße Acrylfarbe
hellblaue Acrylfarbe
mittelblaue Acrylfarbe
karibikfarbene Acrylfarbe
maigrüne Acrylfarbe
Universalpinsel
Stempel
Stempelkissen

1 Die Tontöpfe sauber machen, an der Außenseite mit Acrylfarbe weiß streichen und trocknen lassen. Die Schellen ebenfalls weiß vorstreichen.

2 Den Rand der Tontöpfef mit Malerkrepp abkleben. Für den unteren Teil der Töpfe jeweils eine andere Farbe wählen und auch die Rohrschellen in der entsprechenden Farbe streichen, gut trocknen lassen.

3 Die weißen Blumentopfränder mit den gewünschten Kräuternamen bestempeln und die Pflanzen eintopfen.

4 Die Rohrschellen an die Wand schrauben und die Blumentöpfe hineinstellen.

TIPP_Erstbezug.
Gießen Sie die Pflanzen in den ersten Wochen nach dem Topfen nur mäßig, so wachsen sie besser an.

Hoch hinaus

...wollen die Kletterkünstler. Ein paar Treibholzstücke und Sisal-schnur bieten den Pflanzen Halt und Hilfe beim Ranken – und Ihnen bald Sichtschutz vor den Nachbarn.

Das brauchen Sie

einige gleich lange
Treibholzstücke

neongelbe Acrylfarbe

weiße Acrylfarbe

türkise Acrylfarbe

Universalpinsel

Sisalschnur

1 Die Treibholzstücke abwechselnd in Neongelb, Weiß und Türkis bemalen. Den Anstrich gut trocknen lassen. Die Treibholzstücke im Abstand von 10 cm untereinander auslegen.

2 Ein ausreichend langes Stück Sisalschnur abschneiden und in zwei gleich lange Stücke teilen. Die Schnur auf der linken Seite um das unterste Treibholzstück wickeln, verknoten und im gewünschten Abstand das nächste Holzstück an der Schnur fest-knoten. Die Treibholzstücke auf der rechten Seite parallel festknoten.

3 Die beiden Schnurenden oben miteinander fest verknoten und die Rankhilfe an der Wand aufhängen.

TIPP_Regenbogen.
Bemalen Sie jedes Holzstück in einer
anderen Farbe. Arrangieren Sie die
Holzstücke dann im Farbverlauf
eines Regenbogens.

Tafelwunder

Gute Noten gibt es für diese Übertöpfe. Sollten die Kräuter mal umziehen, ist die Kreide schnell abgewischt und es kann für die Nachmieter neu beschriftet werden.

Das brauchen Sie

Rosentöpfe
Gummiringe
schwarzer Tafellack
Universalpinsel
Malerkreppband
Tafelkreide

1 Die Rosentöpfe ungefähr 2 cm vom oberen Rand entfernt mit Malerkreppband bekleben. Das Kreppband fest andrücken.

2 Die Töpfe gleichmäßig zweimal mit Tafellack streichen. Nach jedem Anstrich den Lack gut trocknen lassen.

3 Das Malerkreppband abziehen. Den Gummiring über den Topf schieben und genau über die Farbkante legen. So lassen sich auch nicht so perfekte Kanten verstecken! Anschließend den Topf mit Tafelkreide beschriften.

TIPP_**Platzanweiser.** Streichen Sie einige Mini-Tontöpfe mit türkisem und grauem Tafellack und beschriften Sie sie mit den Namen Ihrer Gäste.

Volle Kanne

Ob Blumenmuster, Leo-Look oder Grafik-Print – mit der Serviettentechnik lassen sich alte Gießkannen schnell verwandeln.

Das brauchen Sie

Gießkanne
Servietten
Schere
Serviettenkleber
Universalpinsel
Klarlack

1 Die oberste, bedruckte Schicht von der Serviette vorsichtig ablösen. Serviettenmotiv ausschneiden.

2 Den Serviettenkleber auf die Gießkanne auftragen und leicht antrocknen lassen.
Das ausgeschnittene Motiv auf die vorbereitete Gießkanne auflegen, vorsichtig mit
dem Pinsel andrücken. Anschließend das Motiv nochmals mit Kleber von innen nach
außen bestreichen und gut trocknen lassen. Mit Klarlack die gesamte Oberfläche der
Gießkanne versiegeln.

TIPP_**Ablöse erwünscht.** Kleben
Sie ein Stück Klebeband seitlich auf
die oberste Serviettenschicht. So lassen
sich die Lagen besser trennen.

Gut eingedeckt

Lassen Sie das Holzbesteck vom Business-Lunch in Ihren Kräuter-
topf wandern. Wetten, für diese Pflanzschilder geben Sie sicherlich
gern mal den Löffel ab...

Das brauchen Sie

Einweg-Holzbesteck
hellblaue Acrylfarbe
mintfarbene Acrylfarbe
Universalpinsel
Malerkreppband
Stempel
Stempelkissen
Klarlack

1 Das Holzbesteck in der gewünschten Höhe mit Kreppband abkleben, anschließend hellblau und mintfarben streichen und trocknen lassen. Den Anstrich wiederholen und die Farbe gut trocknen lassen. Das Kreppband abziehen.

2 Die Löffel und Gabeln mit den gewünschten Kräuter- oder Pflanzennamen bestempeln. Alles gut trocknen lassen und mit Klarlack bestreichen.

TIPP_**Tauchgang.** Für coole Pflanzenstecker
tauchen Sie den Stiel des Holzbestecks
in angesagte Neonfarbe ein. Für
etwas mehr Glamour im Beet dippen Sie
Ihr Holzbesteck in goldene Farbe.

Einen guten Draht

...haben diese Leichtgewichte aus Plastik – und lassen sich mit einem einfachen Handgriff auch schnell mal weghängen.

Das brauchen Sie

Plastikübertöpfe
Aludraht (ø 2 mm)
Seitenschneider
cremefarbenes Tonpapier
Zirkel
Schere
Stempel
Stempelkissen

1 Den Aludraht mehrfach fest um den Übertopf wickeln und an der Rückseite die Drahtenden miteinander zu einer Schlaufe verdrehen. Für die Aufhängung ein Stück Draht zu einem Looping oder einem Kreis legen, an der Rückseite des Topfs in die Schlaufe fädeln und die Enden ineinander verdrehen.

2 Auf Tonpapier Kreise (ø 10 mm) aufzeichnen und ausschneiden. Die Kreise bestempeln und warten, bis die Stempelfarbe ganz trocken ist. Die Kreise zwischen den Aludraht klemmen.

3 Die Blumentöpfe aufhängen, beispielsweise an einer Garderobe oder an der Lehne Ihres Balkonstuhls.

TIPP_**Sicherheit.** Achten Sie darauf, dass die Halterung das Gewicht des gefüllten Blumentopfs trägt, vor allem wenn die Erde nass ist.

Ein Herz für Tomaten

Die Steckhalter sind aus Aludraht gebogen, die Herzen mit Tafellack
gestrichen und abwischbar. Jetzt fehlt nur noch der Name – und
der kommt von Herzen ...

Das brauchen Sie

verzinkter Spanndraht
(ø 2 mm)

Seitenschneider

Limoflasche

Sperrholzplatten aus Pappel
(4 mm stark)

Laubsäge

Schleifpapier

Bleistift

schwarzer Tafellack

Tafelkreide

Holzbohrer

1 Fünf 45 cm lange Stücke vom Spanndraht abzwicken. Jedes Drahtstück an einem
seiner Enden über eine Limoflasche rollen und schneckenförmig nach innen biegen.

2 Auf das Sperrholz Herzen in gewünschter Größe aufzeichnen und mit der Laubsäge aussägen. Die Kanten mit Schleifpapier glätten. Die Herzen auf allen Seiten zwei
mal mit Tafellack streichen und trocknen lassen.

3 Mit dem Holzbohrer oben in jeweils eine Herzhälfte ein Loch (ø 3 mm) bohren.
Die Herzen mit Kreide beschriften und am Steckhalter befestigen.

TIPP_**Tomaten-Lichtkur.** Stellen
Sie die Tomatenpflanzen an dunklen Tagen
an einen kühlen Ort (nicht unter 15 Grad).
Bei sonnigem Wetter und bei Temperaturen
ab 20 Grad ziehen die Tomaten
dann auf den Balkon um.

I love...

An wen die Besitzerin dieses Kräutergartens ihr Herz verloren hat, ist nicht zu sehen. Offensichtlich ist aber, dass die Kräuter sehr an dieser Lochwand hängen...

Das brauchen Sie

Lochwand (1 x 1 m)

Papier

Bleistift

Schere

rote Wolle

Klebeband

passende Schrauben für die Wandmontage

Bohrmaschine

4 Spanndrahtstücke, 14 cm lang (ø 2 mm)

Kräuter

4 Tassen mit Henkel

1 Die Motive auf Papier zeichnen und ausschneiden. Die ausgeschnittenen Motive auf die Lochwand kleben. Es macht auch viel Spass, ohne Vorlage zu arbeiten.

2 Von der Wolle kleinere Stücke, ungefähr 50 cm lang, abschneiden. Etwas Klebeband fest um die Wollenden wickeln, wie bei einem Schnürsenkel. Die Kontur des Motivs mit den Wollfäden umsticken.

3 Die Lochwand an der Wand befestigen. Aus Drahtstücken vier kleine s-förmige Haken biegen und an die Lochwand hängen. Kräuter in die Tassen pflanzen oder frische Kräuter mit etwas Wasser in die Tassen stellen. Tassen am Henkel an die Haken hängen.

TIPP_ **Stilmix.** Probieren Sie unterschiedliche Stiche für Ihr Stickmuster aus. Improvisieren Sie nach Lust und Laune. Gerade Unperfektes hat besonderen Charme!

Containerware

Yum – die Botschaft ist eindeutig. Pflücksalat vom Balkon ist einfach lecker! Die recycelten Pflanzcontainer (Saftkartons) sind wasserfest, nur die Buchstaben wünschen sich ein regenfreies Plätzchen.

Das brauchen Sie

leere Saftkartons
Lineal
Bleistift
Schere
weiße Acrylfarbe
minzgrüne Acrylfarbe
Universalpinsel
Pappkarton
schwarzer Edding
Klebstoff
Zahnstocher
Erde
Pflücksalat-Setzlinge

1 Die leeren Saftkartons oben aufschneiden, ausspülen und trocknen lassen. Die Kartons an allen Seiten auf 7 cm Höhe kürzen. Mit weißer Acrylfarbe alle Kartons grundieren und trocknen lassen. Anschließend die Pflanzcontainer minzgrün streichen.

2 Auf ein Stück Pappkarton die Buchstaben und die Sprechblase aufzeichnen und etwas außerhalb der Kontur ausschneiden. Die Buchstaben auf die Saftkartons kleben.

3 Ausreichend Erde in die Pflanzcontainer füllen und die Pflücksalat-Setzlinge einpflanzen. Die Sprechblase auf einen Zahnstocher spießen und als Pflanzschild in die Erde stecken.

TIPP_**Beetkultur.** Um Staunässe zu vermeiden, piken Sie mit der Schere drei bis vier Löcher in den Kartonboden.

Gewächshaus

Diese Mini-Gewächshäuser sind aus Plastikflaschen und schnell einsetzbar. Selbst auf dem kleinsten Balkon findet sich Platz für diese Anzuchtstation.

Das brauchen Sie

Blumentöpfe (ø 10 cm)
weiße Acrylfarbe
schwarze Acrylfarbe
alter Teller
Universalpinsel
Plastikflaschen (1,5 l)
Schere
Tonpapier
cremefarbenes Tonpapier
Zirkel
schwarzer Fineliner
Bänder (je 30 cm lang)
Erde

1 Schwarze und weiße Acrylfarbe auf einem alten Teller zu einem schönen Grauton mischen und die Blumentöpfe streichen. Die Farbe gut trocknen lassen. Mit dem Pinsel weiße Punkte auftupfen.

2 Für die Etiketten zwei Kreise (ø 4 cm) aufzeichnen und ausschneiden. Die Etiketten mit einer gestrichelten Linie und mit einer Bordüre bemalen. Ungefähr 1 cm vom Rand entfernt ein kleines Loch in die Etiketten piksen und jeweils ein Band durchziehen.

3 Die Plastikflaschen auf 17 cm Höhe kürzen. Um jeden Flaschenhals ein Etikett legen und festbinden. Ausreichend Erde in die Töpfe füllen, die Setzlinge einpflanzen und die Gewächshäuser mit den Plastikflaschen-Kuppeln schließen.

TIPP_ Eins nach dem anderen.
Saat-Tütchen der Länge nach falten und nach dem Aufreißen leicht dagegenklopfen – so fällt immer nur ein Saatkorn heraus.

MIKROKOSMOS

Auf dem Balkon ist oft wenig Platz!
Mit diesen Ideen setzen Sie kleine Accessoires
charmant und dekorativ in Szene.

Gefühlte 40 Grad

...hat es auf diesem Privat-Atoll! Hängen lassen sollten Sie an diesem Baum nur Leichtgewichte und auf jeden Fall ein Thermometer für genaue Temperaturangaben.

Das brauchen Sie

Außenthermometer

Kantholz, 22 mm stark:
45 x 360 mm (Stamm)

Holzleisten, 10 mm stark:
140 x 20 mm (Ast)
170 x 20 mm (Ast)
220 x 20 mm (Ast)
90 x 20 mm, 3 x (Zweige)
70 x 20 mm (Zweig)

Schleifpapier

3 Holzkugeln (ø 25 mm)

weiße Acrylfarbe

rote Acrylfarbe

karibikblaue Acrylfarbe

Universalpinsel

3 Schrauben (30 mm lang)

Schraubendreher

20 Nägel (1,2 x 15 mm)

Klappöse (11 mm) mit Nägeln

Hammer

1 Alle Holzstücke mit Schleifpapier glätten, weiß streichen. Von den Holzkugeln zwei rot und eine karibikblau streichen. Alle Anstriche gut trocknen lassen.

2 Auf die drei verschieden langen Holzstücke die kleineren Holzstücke an der gewünschten Position als »Zweige« auflegen und mit je zwei Nägeln festnageln. Die Schrauben durch die Holzkugellöcher stecken und an der gewünschten Stelle festschrauben.

3 Die Äste auf das Kantholz im oberen Viertel auflegen und mit je vier Nägeln am »Stamm« festnageln. Für die Aufhängung an der Rückseite oben die Klappöse festnageln. An der Vorderseite des »Stamms« das Thermometer mit den passenden Nägeln befestigen.

TIPP_Blätter für den Baum.
Damit keine Idee auf dem Balkon verloren geht, pinnen Sie gleich Ihre Notiz an die Äste.

Alles im Griff

... mit der königlichen Garde. Diese Wäscheklammern erobern im Sturm alle Herzen und halten garantiert Ihre Geschirrtücher, Postkarten und Badesachen fest.

Das brauchen Sie

Sturmwäscheklammern
blaue Acrylfarbe
rote Acrylfarbe
Universalpinsel
weißer Filz
schwarzer Filz
Schere
Heißklebepistole

1 Die untere Hälfte der Wäscheklammern (die »Beine«) sowie jeweils einen schmalen Streifen unterhalb des »Kopfes« blau anmalen und trocknen lassen. Das Mittelteil rot streichen und trocknen lassen.

2 Vom weißen Filz pro Wäscheklammer einen 5 mm breiten Streifen in 18 cm Länge abschneiden. Den Streifen jeweils über Kreuz auf die rote Fläche legen und mit Heißkleber festkleben. Den überstehenden Filz abschneiden und ringförmig über die rote und blaue Fläche kleben. Für jede Mütze ein Rechteck (4,5 x 6,5 cm) ausschneiden. An den Längskanten jeweils 5 mm nach innen schlagen und festkleben. Den Filz zur Mütze legen und nach der »Anprobe« zusammenkleben. Anschließend die Mütze auch oben zukleben. Einen schmalen Filzstreifen als Gurt in die Mütze kleben. Die Mütze mit einem Tropfen Heißkleber oben an der Wäscheklammer befestigen.

TIPP_**Sattelfest.** So lassen sich die Wäscheklammern gut trocknen: Stecken Sie die Klammern nach dem Farbanstrich auf ein Glas.

Unterm Schutzschirm

Pech für Wespen und deren Freunde! Die Muffinförmchen halten dicht und schützen zuverlässig süße Erfrischungen.

Das brauchen Sie

Muffinförmchen
Cutter
Trinkhalme
Gummiringe
blaues Tonpapier
Bleistift
Lineal
weißer Lackstift
Schere
Locher

1 Die Muffinförmchen in der Bodenmitte kreuzweise einschneiden. Die Trinkhalme durchstecken und in Flaschen oder Gläser geben.

2 Auf Tonpapier 4 x 7 cm große Rechtecke aufzeichnen und ausschneiden. An einer Seite des Rechtecks beide Seiten abrunden und an der gegenüberliegenden Seite in der Mitte lochen. Die Schilder verzieren und die Namen der Gäste daraufschreiben.

3 Gummiringe durch die Löcher ziehen und die Schilder um den Hals der Limoflaschen hängen. An den Gläsern die Gummiringe mehrfach aufziehen und die Schilder dazwischen klemmen.

TIPP_**Party-Snack.** Sie haben noch ein paar Förmchen übrig? Benützen Sie die Muffinförmchen für Wasabinüsse, Kürbiskerne, …

Kiss me, cake!

Der Käsekuchen und die Johannisbeeren wollten unbedingt unter die Haube. So geschützt, werden sie noch viele leckere Stücke an uns verteilen. Wie süß von den beiden.

Das brauchen Sie

Abdeckhaube
gelbes Transparentpapier
pinkes Transparentpapier
schwarzes Transparentpapier
Filzstift
Klebstoff
Schere
türkise Papierschnur
Wickeldraht (ø 0,65 mm)
Unterlage

1 Das Transparentpapier in zwei gleich große Stücke teilen. Auf eine Lage mit Filzstift Blumen zeichnen. Auf jede Blume in der Mitte einen Tropfen Klebstoff geben, das andere Transparentpapier exakt darüberlegen und die Papiere verkleben. Innerhalb der Kontur die Blumen ausschneiden. Aus pinkem und schwarzem Papier kleine Formen ausschneiden und auf die Blumen kleben.

2 Vom Wickeldraht 8 cm lange Stücke abschneiden. Mit der Schere zwei kleine Löcher in die Blumenmitte bohren, den Draht durchstecken und miteinander verzwirbeln. Den Draht an der Abdeckhaube befestigen.

3 Mit der Papierschnur durch das Gitter fädeln und »kiss me cake« aufsticken.

TIPP_**Happy Birthday.** Stecken Sie kleine Geburtstagskerzen in Kerzenhaltern doch mal auf die Haube statt auf den Kuchen.

Landgang

»Fishing for compliments« ist nicht nötig, denn ein bisschen Farbe und Schablonen machen aus einem schlichten Servierbrett auf jeden Fall einen Hingucker.

Das brauchen Sie

weißes Servierbrett
maigrüne Acrylfarbe
schwarze Acrylfarbe
Universalpinsel
Bleistift
Papier
Schere
Masking Tape
Klarlack
Vorlage für Fische

1 Geeignete Vorlagen für die Fische finden sich online oder im Tierlexikon. Die Vorlagen im Copyshop auf die gewünschte Größe kopieren lassen oder einen eigenen Entwurf anfertigen.

2 Die Motive ausschneiden und auf das Servierbrett legen. Zwei Fische um 180 Grad drehen. Anschließend die Kontur der Motive mit Bleistift übertragen. Alle Fische mit maigrüner Acrylfarbe ausmalen und trocknen lassen. Für die Augen auf die Fische schwarze Punkte auftupfen und gut trocknen lassen.

3 Vom Masking Tape zwei Streifen abschneiden und über die Fische kleben. Die Innenseite des Servierbretts mit Klarlack streichen.

TIPP_**Goldfische.** Schneiden Sie unterschiedliche Fischformen aus Metallfolie aus. Das Servierbrett nachtblau ansprühen und die Fische aufkleben.

SPECIAL

...und wovon träumt Konstantin Grcic?

ORDNUNGSHELFER

Wo verstaue ich was? Eine Schublade gehört nicht zwingend in eine Kommode. Lassen Sie sich von den folgenden Ideen inspirieren und alles ist in bester Ordnung.

Alles im Kasten

Es war einmal ein Milchkarton, der nach einem Bad, einigen Einschnitten, Anstrichen und durch absolute Gestaltungsfreude völlig verwandelt wurde. Und wenn er nicht verschenkt ist, dann verwahrt er die Wäscheleine auf diesem Balkon noch heute.

Das brauchen Sie

leere Milchkartons
Schere
weiße Acrylfarbe
Universalpinsel
Cutter
Bleistift
Lineal
Zirkel
Servietten
Serviettenkleber
rotes und blaues Tonpapier
Zweige
Wäscheleine/Bänder

1 Die Milchkartons oben aufschneiden, ausspülen und abtrocknen. Mit Acrylfarbe mehrfach streichen und trocknen lassen.

2 Jeden Karton auf einer Höhe von 19 cm abschneiden. Jeweils alle vier Ecken von oben 9 cm tief einschneiden. Die breiten Seiten (Vorder- und Rückseite) auf eine Höhe von 15,5 cm kürzen. An Vorder- und Rückteil die Mitte anzeichnen. Die Seiteneckpunkte mit der Mitte verbinden, an den Schrägen 1 cm für den Falz zugeben und ausschneiden. Die Zugaben falzen und nach innen umklappen. Für das Flugloch an der Vorderseite mittig einen Kreis (ø 2 cm) aufzeichnen und ausschneiden. An der Oberkante der Seitenteile nach 2 cm einen Falz markieren und umklappen. Das rechte Seitenteil auf den Falz von Vorder- und Rückseite legen und die umgeschlagene Falzkante innen am Häuschen festkleben. Die linke Seite offen lassen.

3 Von den Servietten die oberste bedruckte Lage abziehen. Die Häuser dünn mit Serviettenkleber bestreichen und kurz antrocknen lassen. Die Servietten auflegen und von innen nach außen mit Serviettenkleber bestreichen und trocknen lassen. Die Häuser schließen, dazu die linke Giebelseite einstecken.

4 Aus Tonpapier Kreise ausschneiden (ø 2 cm innen und ø 3,5 cm außen). Unterhalb des Einfluglochs mit der Schere ein Loch einstechen und einen kleinen Zweig durchstecken. Die Wäscheleine/Bänder im Häuschen aufbewahren.

Limo-Bar

Wenn dir das Leben Zitronen schenkt, dann mach Limonade daraus –
mit diesem Zitat und der variablen Limo-Bar sind viele schöne
Stunden auf dem Balkon garantiert.

Das brauchen Sie

Holzwerkzeugkasten
(aus dem Baumarkt)

orange Acrylfarbe

türkise Acrylfarbe

Universalpinsel

Tonpapier

Klebeband

Schneideunterlage

Cutter

Lineal

Zeitungspapier

gelbes Lackspray

Schnur

1 Den Holzwerkzeugkasten türkis und die Verbindungsstange orange streichen und trocknen lassen.

2 Den Schriftzug (Vorlage) auf die gewünschte Größe kopieren und auf Tonpapier kleben. Eine Schneideunterlage unterschieben und mit einem Cutter die Buchstaben entlang der Kontur ausschneiden.

3 Die Schablone auf die Vorderseite des Werkzeugkastens auflegen und mit Klebeband festkleben. Die restlichen Teile des Werkzeugkastens mit Zeitungspapier abdecken. Mit gelbem Lackspray die Schablone besprühen und trocknen lassen. Schablone und Zeitungspapier abnehmen.

4 Den Werkzeugkasten mit zwei Stücken Schnur am Balkongeländer festbinden.

LIMONADE

Setzkasten-Prinzip

Ein Zuhause für Pflanzen, Blumentöpfe und so manche Kleinig-
keiten. Haus und Kästchen verstauen so einiges und sind beliebig
erweiterbar. Die perfekte Lösung für Ihren Balkon!

Das brauchen Sie

Multiplexplatte (6 mm stark)
für ein Quadrat:
250 x 150 mm, 2 x
238 x 150 mm, 2 x
250 x 250 mm

für ein Häuschen:
250 x 150 mm,
2 x
238 x 150 mm,
2 x
250 x 375 mm
180 x 150 mm
170 x 150 mm

Stichsäge

Geodreieck

Holzleim

Raspel

Hammer

Nägel (1,2 x 20)

weiße, graue und gelbe
Acrylfarbe

Universalpinsel

1 Die Platten für die Rückseiten der Quadrate grau und gelb streichen. Alle anderen Seiten weiß streichen und trocknen lassen. Für das Häuschen die Rückseitenplatte
und alle Innenseiten grau streichen, die restlichen Seiten weiß. Die Anstriche trocknen
lassen. Die Kanten werden nicht gestrichen, damit die Schichtholzoptik erhalten bleibt.

2 Für die Montage der Quadrate jeweils zwei längere Seitenteile mit zwei kürzeren
zusammennageln. Die Rückwand mit allen vier Seitenteilen verbinden.

3 Die Hausrückwand zuschneiden: Beim Rechteck oben an der schmalen Seite
die Mitte markieren und von dort im 45°-Winkel die Dachschrägung rechts und links
einzeichnen. Die Rückwand an der Kontur entlang aussägen.

4 Boden und Seitenteile des Häuschens miteinander verbinden und die Rückwand
festnageln. Die unteren Kanten müssen für das Dach im 45°-Winkel abgeschrägt
werden. Danach die oberen Kanten im rechten Winkel zusammennageln. Das Dach
an den oberen Kanten der Seitenteile festkleben und an die Rückwand nageln.

Tafeldienst

Vielleicht haben Sie im Keller oder auf dem Speicher noch eine Schublade? Auf dem Flohmarkt werden Sie auf jeden Fall fündig!

Das brauchen Sie

Schublade
schwarze Tafelfarbe
Universalpinsel
Tafelkreide
Klappösen (11 mm) mit passenden Nägeln
Lineal
Hammer

1 Die Schublade sauber machen und den Schubladenboden innen mit Tafelfarbe streichen. Gut trocknen lassen und den Anstrich wiederholen.

2 Für die Befestigung auf der Schubladenrückseite zwei Klappösen auflegen. Beide Ösen im gleichen Abstand zur Seite und Oberkante platzieren, anzeichnen und die Ösen mit den passenden Nägeln befestigen. Darauf achten, dass die Nägel nicht in den Schubladeninnenraum ragen!

3 Den Schubladenboden mit Kreide beschriften und die Schublade aufhängen.

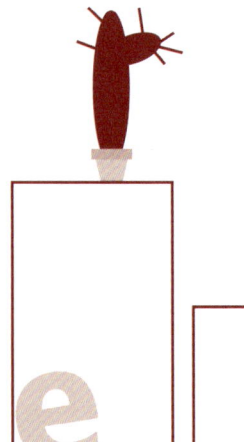

TIPP_Ganz genau. Für exakte Kanten kleben Sie Malerkreppband auf die abzudeckende Fläche auf. Restliche Fläche streichen, trocknen lassen und Kreppband abziehen.

Anhänglich

Sichtschutz, Stauraum und Platz für Pflanzen – Paletten machen so einiges mit. Weiße Farbe macht sie »shabby chic«. Mal nicht an die Wand gelehnt, sondern etwas tiefer gelegt, lässt sich auf der Palette mit Matratze und Kissen lässig entspannen.

Das brauchen Sie

Euro-Palette
Schleifpapier
weiße Acrylfarbe
Universalpinsel
Holzbretter
Meterstab
Handsäge
Nägel
Hammer
Plastikfolie

1 Die Palette sauber machen und raue Kanten mit Schleifpapier glätten.

2 Für die Blumenkastenfunktion: Die Zwischenräume ausmessen und die gewünschte Anzahl Holzbretter passend zusägen. Die Bretter in die Zwischenräume legen und festnageln. Alle Zwischenräume mit Plastikfolie auskleiden.

3 Die Palette weiß streichen und trocknen lassen. Den Anstrich wiederholen.

TIPP_**Voll in Ordnung.** Mit Haken können Sie zusätzlichen Stauraum schaffen und Körbe, Eimer oder Pflanztaschen an die Palette hängen.

RELAXZONE

Entspannen Sie im Sitzsack und recyceln Sie lästiges Verpackungsmaterial gleich mit. Jetzt fehlt nur noch ein kuschliges Topping aus bunten Kissen.

Chillen erwünscht

Machen Sie es sich in diesem Sitzsack bequem. Die Füllung besteht aus recyceltem Verpackungsmaterial (Styroporflocken) – natürlich können Sie das Füllmaterial aber auch kaufen – und ist in einem seperaten Kissen eingenäht.

Das brauchen Sie

fester Baumwollstoff 210 x 140 cm (Außenkissen)

unifarbener Baumwollstoff 210 x 140 cm (Innenkissen)

schwarzer Kunststoff-Reißverschluss, 105 cm lang

Stecknadeln

Nähgarn

Nähmaschine

Bügeleisen

Füllmaterial, Menge für ca. 100 Liter: Schaumstoffschnipsel, Styroporflocken oder Styroporkügelchen

1 Beide Stoffe waschen, trocknen lassen und bügeln. Jeweils zwei Stoffquadrate 105 x 105 cm zuschneiden. Alle Quadratkanten mit Zickzackstichen versäubern.

2 Für das Außenkissen beide Stoffquadrate an einer Seite 0,5 cm umbügeln, den Reißverschluss anlegen, feststecken und mit Steppstichen einnähen. Die Quadrate rechts auf rechts legen, feststecken und die beiden Seiten rechts und links vom Reißverschluss zusammensteppen. Die offene Kante auffalten und die gegenüberliegenden Nähte aufeinanderlegen, sodass ein Tetraeder entsteht. Die Kanten zusammensteppen.

3 Für das Innenkissen die unifarbenen Stoffquadrate rechts auf rechts aufeinanderlegen und an drei Seiten zusammensteppen. Die offene Kante auffalten und die gegenüberliegenden Nähte aufeinanderlegen, sodass ein Tetraeder entsteht. Die Kanten zusammennähen, dabei eine 25 cm lange Öffnung zum Wenden lassen. Den Bezug durch die Öffnung wenden, mit Recyclingmaterial befüllen und die Öffnung mit Handstichen schließen. Das befüllte Innenkissen in den Außenbezug stecken.

TIPP_Einfüllhilfe bei Styroporkugeln.
Nicht in der Nähe von elektronischen Geräten arbeiten (statische Aufladung). Aus Zeitungen einen Trichter basteln und die Kügelchen aus der Verpackung langsam in das Innenkissen einrieseln lassen.

Bitte anschnallen

Bevor das Kaminholz richtig einheizt, nimmt es erst mal eine Auszeit als Beistelltisch auf dem Balkon. Zwei Spanngurte halten die Holzscheite fest zusammen und Filz veredelt die raue Oberfläche.

Das brauchen Sie

gleichlange Holzscheite
2 Spanngurte
Transparentpapier
Bleistift
Schere
pinkfarbener Filz (3 mm stark)
Heißkleber

1 Die Holzscheite aufrecht zu einem Kreis zusammenstellen und mit zwei Spanngurten fixieren.

2 Mehrere Schablonen anfertigen, dazu Transparentpapier auf die Oberseite der Holzscheite legen, deren Kontur abzeichnen und ausschneiden.

3 Die Schablonen platzsparend auf den Filz legen, umzeichnen und an der Kontur entlang ausschneiden.

4 Die Filzelemente mit Heißkleber auf die entsprechenden Holzabschnitte kleben.

TIPP_Baumarkt-Schnäppchen.
Eine günstige Variante für Ihren Beistelltisch ist eine Baumstammfackel – einfach umdrehen und mit einer Filzplatte in entsprechender Größe bekleben.

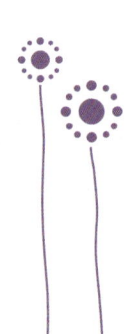

Perfekt (hoch)gestapelt

Verwandeln Sie Ihre Kissen in bequeme Sitzpolster. Nähen Sie dazu einfach die Ecken ab und erweitern Sie Ihre Entspannungszone.

Das brauchen Sie

Kissenbezug
passendes Inlett
Nähmaschine
Nähgarn
Stecknadeln
Schneiderkreide
Schere
Lineal
Bleistift
Geodreieck
Papier

1 Den Kissenbezug auf links wenden. Schablonen für die Kissen- und Inlettecken erstellen: Dafür Dreiecke in gewünschter Sitzhöhe auf Papier aufzeichnen und ausschneiden. Je größer die Dreiecke, desto höher ist später das Sitzkissen.

2 Die Schablonen jeweils an allen Kissen- und Inlettecken quer zur Naht anlegen und je eine Linie für den Abnäher markieren. Darauf achten, dass der Reißverschluss des Bezugs dabei etwas geschlossen ist.

3 Mit Stecknadeln jeweils die Kissen- und die Inlettecken fixieren. Alle Ecken entlang der Markierung absteppen, dabei gegebenenfalls über den Reißverschluss nähen.

4 Den Kissenbezug auf rechts wenden und das Inlett durch die Reißverschlussöffnung stecken.

TIPP_**Meditationskissen.** Die Kissenhülle wie oben beschrieben nähen und mit Schaumstoffplatten in passender Größe füllen.

Balkonbanner

Absolut schnell trocknend und regenschauerfest zeigt sich dieser Stoff für Ihren Balkon. Kein Wunder, als Duschvorhang konnte er lange proben und als Balkonbanner steht jetzt seine Premiere an.

Das brauchen Sie

Spannvorrichtung oder Seile
Duschvorhang
Vorhangringe mit Klammern
Schere
Nähmaschine
Nähgarn
Stoffkleber
Stecknadeln
Maßband
Bleistift

1 Die Spannvorrichtung nach Anleitung am Balkon anbringen. Sie können auch zwei Seile oben und unten an der Balkonbrüstung spannen. Die gewünschte Fläche für die Balkonverkleidung ausmessen und ringsum 2 cm für die Naht zugeben.

2 Die gewünschten Maße auf den Duschvorhang übertragen und ausschneiden. Alle Kanten 1 cm auf die linke Seite umlegen und mit Stoffkleber festkleben. Den Umschlag nochmals 1 cm umlegen, feststecken und absteppen.

3 Die Vorhangringe in die Spannvorrichtung/Seile einhängen und das Balkonbanner in gleichmäßigen Abständen festklammern.

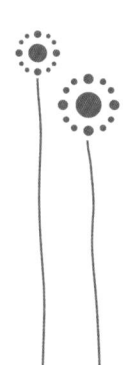

TIPP_**Fest im Griff.** Duschvorhangringe gibt es in unterschiedlichen Größen und Materialien.

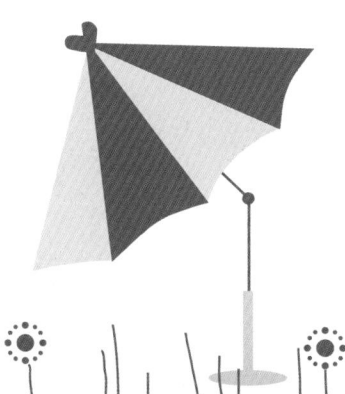

Sonnenschutz

Verschieden gemusterte Stoffbahnen werden zu einem großen Sonnensegel zusammengenäht.

Das brauchen Sie

verschieden gemusterte Baumwollstoffe (hier Baumwollprint von Free Spirit)
70 x 110 cm, 2 x
150 cm x 110 cm

Stoffreste

Nähmaschine

Nähgarn

Stoffschere

Stecknadeln

Schneiderkreide

Bleistift

Ösen (ø 14 mm)

Hammer

1 Alle Stoffe waschen, trocknen lassen und bügeln.

2 Die schmalen Rechtecke an den Längsseiten rechts auf rechts an die Querseiten der großen Stoffbahn stecken und zusammensteppen.

3 Für die Ecken des Sonnensegels und als Verstärkung für die Ösen vier Stoffdreiecke mit einer Höhe von 16 cm zuschneiden und alle Kanten mit Zickzackstichen versäubern. Je ein Dreieck in die Ecken des Sonnensegels legen und feststeppen.

4 Alle Seiten an den offenen Kanten der drei Stoffbahnen säumen, je 2 cm nach links umbügeln, nochmals einschlagen, feststecken und feststeppen.

4 Die Einschlagstellen für die Ösen markieren und nach Packungsanleitung vorsichtig mit einem Hammer einschlagen.

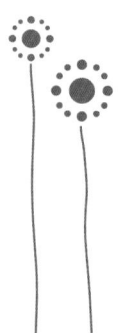

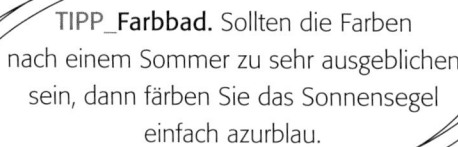

TIPP_**Farbbad.** Sollten die Farben nach einem Sommer zu sehr ausgeblichen sein, dann färben Sie das Sonnensegel einfach azurblau.

Sichtschutz

Haben Sie noch Papier vom letzten Scrapbook-Projekt übrig? Ja! Jetzt brauchen Sie noch ein Trinkglas und etwas Zeit! Dann flattert bald dieser luftige Vorhang an Ihrer Balkontür.

Das brauchen Sie

Scrapbook-Papiere
Trinkglas
Bleistift
Schere
Nähmaschine
rotes Nähgarn
Vorhangstange mit Halterung

1 Ein Trinkglas als Schablone benutzen und auf die Scrapbook-Papiere Kreise zeichnen. Alle Papierkreise ausschneiden. Vorhangstange anbringen.

2 Für einen Strang die Papierkreise mit etwas Abstand aneinandernähen, nach dem letzten Kreis den Faden mit 20 cm Abstand abschneiden. Die einzelnen Papierstränge an den langen Fadenenden an eine Vorhangstange knoten.

TIPP_**Serienproduktion.** Wenn Sie öfter Kreise in verschiedenen Größen brauchen, dann lohnt sich die Anschaffung eines Kreisschneiders.

Wasserstelle

Wohin mit den Getränkekisten? Wieder einmal auf dem Balkon in die Ecke stellen? Integrieren Sie die Kisten doch lieber als Sitzgelegenheit oder Beistelltisch in Ihr Balkonleben!

Das brauchen Sie

Getränkekisten

Holzbrett in Getränkekastengröße (18 mm stark)

Handsäge

Schleifpapier

Holzschrauben

Schraubendreher

grauer Filz (3 mm stark)

roter Filz (3 mm stark)

Bleistift

Schere

Papier

Zirkel

Heißkleber

2 Holzleisten (20 x 20 mm) in entsprechender Länge

Nägel

1 Den Getränkekasten auf das Holzbrett stellen und die Kontur anzeichnen. Das Brett an der Kontur entlang aussägen. Alle Kanten mit Schleifpapier glätten und die Ecken abrunden.

2 Für die Punkte der Sitzauflage einen Kreis in gewünschter Größe auf Papier zeichnen und ausschneiden. Die Schablone auf den roten Filz legen und sechs Kreise ausschneiden. Das Holzbrett auf den grauen Filz legen, umzeichnen und an der Kontur ausschneiden. Die Kreise auf den grauen Filz legen, umzeichnen und ausschneiden.

3 Das Holzbrett an der Vorderseite mit dem grauen Filz bekleben. Die roten Filzkreise in den vorgesehenen Lücken ebenfalls festkleben.

4 An den kurzen Seiten der Holzbrettrückseite die Holzleisten auflegen. Die Leisten sollten so platziert sein, dass sie jeweils am Rand zwischen Flaschen und Kiste liegen, damit das Holzbrett nicht wegrutschen kann. Die Holzleisten festnageln.

TIPP_Sicherheit. Bitte darauf achten, dass die Nägel nicht in den Filz ragen. Verletzungsgefahr!

Ansichtssache

Ihr Hocker auf dem Balkon ist nicht mehr vorzeigbar? Verstecken Sie ihn einfach unter verschiedenen gemusterten Stoffen. Grafisch, romantisch, maritim oder floral – diese Husse überrascht Sie immer wieder mit einer neuen Seite!

Das brauchen Sie

unterschiedlich gemusterte Baumwollstoffe (hier Baumwollprints von Free Spirit)

Papier

Schere

Bleistift

Lineal

Maßband

Stecknadeln

Stoffschere

Nähmaschine

Nähgarn

Nähnadel

1 Den Hocker ausmessen und ein Schnittmuster erstellen. Zur Sitzfläche noch 1,5 cm Nahtzugabe an allen Seiten dazurechnen. Bei der Seitenteilhöhe 1,5 cm Nahtzugabe und 4 cm für den Saum dazurechnen.

2 Die vorgewaschenen Stoffe bügeln, das Schnittmuster auflegen, übertragen und an der Markierung ausschneiden. Alle Kanten mit Zickzackstichen versäubern. Die Saumseiten mit einer Stecknadel kennzeichnen und an der gegenüberliegenden Seite 1,5 cm vor der Oberkante markieren. Zwei Seitenteile rechts auf rechts legen und 1,5 cm breit zusammensteppen, jedoch nur bis zur Markierung nähen; und ebenso alle weiteren Seitenteile aneinandernähen. Die Nahtzugaben auseinanderbügeln und 7 mm breit absteppen.

3 Die Sitzfläche einstecken und feststeppen. Die Ecken bis zur Nahtzugabe vorsichtig einschneiden, einfalten und mit Hand festnähen. Die Nahtzugaben auf der Sitzfläche 7 mm breit absteppen. Die Saumkante 2 cm nach links umschlagen und bügeln. Noch mal 2 cm einschlagen, feststecken und absteppen.

TIPP_**Anprobe.** Bevor Sie die Saumkante feststeppen, ziehen Sie die Husse unbedingt über den Hocker und kontrollieren Sie die Länge.

Achtung! Frisch geklebt

Ein neuer Look für einen Biergartenstuhl gewünscht? Streichen ist super. Kleben ist besser! Servietten mit Pünktchen, Streifen und Rosen verwandeln diesen Stuhl. Welche Servietten nehmen Sie?

Das brauchen Sie

Klappstuhl mit Holzauflage
Schraubendreher
Schleifpapier
weiße Acrylfarbe
Universalpinsel
Servietten
Schere
Serviettenkleber
Pinsel
Klarlack

1 Die einzelnen Latten vom Stuhl abschrauben. Die Oberfläche der Holzlatten mit Schleifpapier leicht anrauen und alle Flächen weiß grundieren. Alle Anstriche gut trocknen lassen.

2 Von der Serviette Streifen in gewünschter Größe ausschneiden und die oberste bedruckte Schicht ablösen.

3 Eine Holzlatte mit Serviettenkleber bestreichen und etwas trocknen lassen. Die abgelöste Serviette auflegen und mit wenig Kleber bestreichen. Dabei von der Serviettenmitte nach außen arbeiten, damit keine Falten entstehen. Alle beklebten Oberflächen mit Klarlack versiegeln.

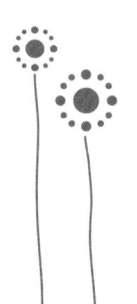

TIPP_Druckverbot. Die Servietten beim Aufkleben auf keinen Fall mit dem Pinsel schieben oder fest andrücken.

NACHTLEBEN

Leuchtende Ideen gibt es für alle, die Balkonnächte lieben. Jetzt müssen Sie nur noch für die richtige Stimmung sorgen ...

Erleuchtung gewünscht

Farbkuren und Tattoos geben diesen Konserven einen neuen Look. Mit kleinen Kerzen zeigen die Windlichter ihre neue Funktion und leuchten auf Ihrem Balkon.

Das brauchen Sie

Konserven
Dosenöffner
Dosenpiker
Papier
Filzstift
Klebeband
hellblaues Acrylspray
minzgrünes Acrylspray
Unterlage
Aludraht (ø 2 mm)
Seitenschneider
Zange
Masking Tape
Schere
Teelichter

1 Die Konserven öffnen, entleeren und ausspülen. Die Etiketten im warmen Wasserbad entfernen.

2 Das gewünschte Motiv auf Papier zeichnen. Die Vorlage auf der Konserve platzieren und festkleben. Mit dem Dosenpiker die Vorlage punktuell übertragen. Für den Henkel zwei Löcher genau gegenüberliegend am Konservenrand einpiken.

3 Die Konserven kopfüber auf eine Unterlage stellen und mit Acryllack ansprühen.

4 Für die Henkel den Aludraht auf die gewünschte Länge kürzen. Den Draht durch die Löcher am oberen Konservenrand stecken und die Enden nach oben umbiegen. Vom Masking Tape kleine Streifen abschneiden, an die Henkel kleben und zackenförmig einschneiden. Je ein Teelicht in die Konserven stellen.

TIPP_Lichterkette. Schön sieht es auch aus, wenn Sie auf jede Dose einen Buchstaben piken und »good night« leuchten lassen.

Mit Schirm und Charme

Mit ein paar Muffinförmchen lassen sich schnell diese kleinen Lampenschirme für Ihre Lichterkette zaubern. Die Förmchen gibt's in vielen Farben und wunderschönen Mustern. Mädelsabend? Nachtkantine? Auf jeden Fall ist schnell neu dekoriert.

Das brauchen Sie

Ast
weißes Acrylspray
Lichterkette
Muffinförmchen
Cutter
Heißkleber

1 Den Ast abklopfen und sauber machen. Anschließend seine Rinde weiß ansprühen und die Farbe trocknen lassen.

2 Die Lichterkette an den Ast hängen.

3 Die Muffinförmchen in der Bodenmitte kreuzweise einschneiden. Auf jede Lampe der Lichterkette ein Förmchen stecken und mit einem Tropfen Heißkleber fixieren.

TIPP_Eiszeit. Sammeln Sie doch nach jedem Eisdielenbesuch die kleinen Becher und hängen Sie sie als Lampenschirme an Ihre Lichterkette.

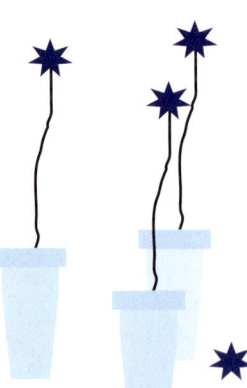

Punktgenau ...

zur blauen Stunde leuchten diese Lampions. Als echte Teamplayer sind sie besonders schön in Zweier- oder Vierergruppen.

Das brauchen Sie

Luftballons
wasserfester Stift
Butterbrotpapier
Plastiktüte
Tapetenkleister
Servietten
Serviettenkleber
Universalpinsel
Schere
Drahtbügel
Zange

1 Die Luftballons auf die gewünschte Größe aufblasen. Die spätere Öffnung des Lampions mit einem wasserfesten Stift anzeichnen. Das Butterbrotpapier in ca. 7 x 7 cm große Stücke reißen. Eine Plastiktüte unterlegen und den Tapetenkleister nach Packungsanweisung anrühren und die Luftballons mit den Händen etwas über die Markierung einkleistern. Die Papierschnipsel auflegen und jeden Lampion mit drei Schichten bekleben. Die Luftballons trocknen lassen, das dauert ungefähr zwei Tage.

2 Von der Serviette die oberste, bedruckte Lage abziehen und Lieblingsmotive ausschneiden. Den Lampion an den gewünschten Stellen dünn mit Serviettenkleber bestreichen und kurz antrocknen lassen. Die Serviettenmotive auflegen und von innen nach außen mit Serviettenkleber bestreichen und trocknen lassen.

3 Die Luftballons anstechen und alle Ballonreste entfernen. Die oberen Lampion-ränder an der Markierung abschneiden. Je zwei Löcher genau gegenüberliegend am oberen Lampionrand durchstechen. Die Drahtbügel durch die Löcher stecken und die Drahtenden nach oben biegen. Die Lampions aufhängen und mit LED-Lampen oder einer Lichterkette beleuchten.

Einfach spitze

... sind diese Qutdoor-Windlichter. Mattes Weiß und die Optik von Spitzenborte veredeln hier die Oberfläche einfacher Gläser. Für romantische Beleuchtung und etwas mehr Zurückhaltung bei Mückenbesuchen sorgt ein Teelicht mit Zitronelladuft.

Das brauchen Sie

leere Gläser mit Schraub-verschluss
Spülmittel
Spitzenborte
Stecknadeln
weißes Acrylspray
Unterlage
Wickeldraht (ø 0,65 mm)
Seitenschneider
Teelicht mit Zitronelladuft

1 Die Gläser einige Stunden in warmes Wasser mit Spülmittel legen, die Etiketten ablösen und die Gläser abtrocknen.

2 Die Spitzenborte straff um die Gläser ziehen und mit Stecknadeln feststecken. Die Gläser auf eine Unterlage stellen, weiß ansprühen und trocknen lassen. Die Spitzenborte vorsichtig ablösen.

3 Den Draht mehrfach unterhalb des Schraubverschlusses um das Glas wickeln, abzwicken und die Drahtenden miteinander verzwirbeln. Für den Henkel ein Stück Draht dreifach legen, zusammendrehen und an den Enden zur Schlaufe biegen. Die Henkelenden am gewickelten Draht einhängen und miteinander verzwirbeln. Das Teelicht einsetzen.

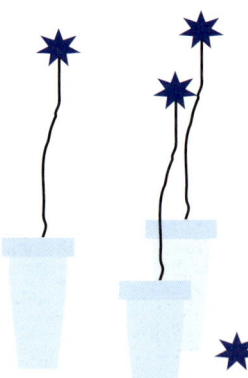

TIPP_Farbduo. Sprühen Sie die Gläser zweifarbig an und kleben Sie am Farbübergang mit Heißkleber ein Stück Spitzenborte auf.

Schlusslicht

Über eine Konservendose rollen Sie diesen Kerzenhalter in Form und verdrahten ihn an einem Holzbrett. Jetzt noch Teelichter im Becher oder Glas einstellen und den Kerzenschein genießen.

Das brauchen Sie

Holzbrett 45 x 13 cm
(10 mm stark)

weiße Acrylfarbe

4 Holzkugeln (ø 25 mm)

neonrote Acrylfarbe

Universalpinsel

Bohrmaschine

Holzbohrer (ø 8 mm)

Eisendrahtstück
60 cm lang (ø 2 mm)

5 Eisendrahtstücke
je 22 cm lang (ø 2 mm)

Wickeldraht (ø 0,6 mm)

Konservendose (ø 10 cm)

Rundzange

1 Das Holzbrett weiß streichen, dabei die Farbe unregelmäßig auftragen, sodass ein »Used-Look« entsteht. Eine Holzkugel mit Neonfarbe bemalen, zwei weitere Kugeln nur bis zur Mitte anstreichen. Alle Anstriche trocknen lassen.

2 In das Holzbrett mit der Bohrmaschine jeweils zwei Löcher im Abstand von 3 cm zur oberen Kante bohren.

3 Aus dem langen Drahtstück einen Kreis mit Aufhängung formen, dazu den Draht in der Mitte über eine Dose wickeln und beide Drähte am Kreisende miteinander verdrehen. Die Drähte nach oben biegen und die beiden nur zur Hälfte gestrichenen Kugeln so auffädeln, dass die Farben zueinander zeigen. Danach die naturbelassene Holzkugel auffädeln. Die Drähte von vorne durch das erste Loch stecken. An der Rückseite die Drähte zur Schlaufe für die Aufhängung biegen und die Drähte von hinten durch das zweite Loch stecken. Die lackierte Holzkugel auf die Drähte aufstecken und die Enden so umbiegen, dass die Kugel nicht abrutschen kann.

4 Alle Drahtstücke über eine Konservendose rollen und zu einem Halbkreis formen. Die Drahtenden zur Schlaufe umbiegen. Eine Schlaufe in den Kreis einhängen und festdrücken. Das andere Schlaufenende genau gegenüberliegend ebenfalls fixieren. Alle weiteren Drahtstücke genauso am Kreis befestigen. Die Drahtüberschneidungen unten mit einem Wickeldraht zusammenbinden.

Baumarkt
Holz und Holzzuschnitte, Kleinwerkzeug
und -zubehör

Butlers
Filialen in vielen Ländern
www.butlers.de
(Dekobänder, Servietten, Kerzen, Möbel,
Servietten, mit Onlineshop)

Creativ-Discount
www.creativ-discount.de
(Farben, Pinsel, Stempel, ...)

Conrad
www.conrad.de
Kleinwerkzeug und -zubehör
(Uhrwerke, ...)

Coats GmbH
Kaiserstr. 1
79341 Kenzingen
Tel.: 07644/802-222 Zentrale Verkauf
www.coatsgmbh.de
(Wolle, Reißverschlüsse, Lifestylestoffe von
Free Spirit, ...)

Dawanda
www.dawanda.com
(Online-Marktplatz für Unikate
und Selbstgemachtes von Designern
und Kreativen, Bastelbedarf,
Schreibwaren)

Depot
Filialen in Deutschland, Österreich
und der Schweiz
www.depot-online.com
(Dekobänder, Naturbastelmaterialien,
Kerzen, mit Onlineshop)

FACKELMANN®

Fackelmann
FACKELMANN GmbH + Co. KG
Sebastian-Fackelmann-Str. 6
D-91217 Hersbruck
Tel.: 09151/8110
www.fackelmann.de
(Muffinförmchen, ...)

idee. Creativmarkt
30 Filialen in Deutschland,
z. B. in Berlin, Essen, Hamburg
und München
www.idee-shop.de
(Bastelbedarf, Farben, Stoffe, ...)

Blumenhaus Lex
Damaschkestraße 11
81825 München
Tel.: 089/42724531
www.blumen-lex.de
(Pflanzen, Floristenbedarf, Naturdeko)

Marabu GmbH & Co. KG
Asperger Str. 4
71732 Tamm
Tel.: 07141/6910
www.marabu.de
(Farben, Pinsel, Klebstoffe, ...)

Rayher Hobby GmbH
Fockestr. 15
88471 Laupheim
Tel.: 07392/70050
www.rayher-hobby.de
(Bastelbedarf, Werkzeug, Farben, ...)

Rico Design GmbH & Co. KG
Industriestr. 19–23
33034 Brakel
Tel.: 052/726020
www.rico-design.de
(Bastelbedarf, Wolle, ...)

Gartencenter Seebauer
Ottobrunner Straße 61
81737 München
089/6800900
www.gartencenter-seebauer.de
(Pflanzen, Dekoartikel, ...)

Danksagung

Vielen lieben Dank möchte ich allen sagen, die direkt oder indirekt an diesem Buch
beteiligt waren und dieses Projekt ermöglicht haben.
DANKE an Jutta und Anja für die wunderschöne Zeit auf dem Balkon, eure Unterstützung
und die leckere Verpflegung. Und ganz besonders an Frank, für die großartigen Fotos
und die vielen kreativen Stunden.

Über die Autorin

Die Grafik- und Kommunikations-Designerin **Eva Schneider** arbeitet seit vielen Jahren als Art-Direktorin für Redaktionen und Agenturen. Ihre große Leidenschaft gilt dem DIY-Bereich. Als Autorin entwickelt und gestaltet sie kreative Selbermach-Projekte.

Über den Fotografen

Zahlreiche Expeditionen inspirierten **Frank Neumann** immer wieder zu einem neuen, anderen Blick auf Motive. People, Stills und Reisereportagen, sehr oft mit Kids, ergänzen sein Portfolio.

Weitere Informationen unter: frankneumannfoto.wordpress.com

Impressum

Bibliografische Information der Deutschen Nationalbibliothek

Die Deutsche Nationalbibliothek verzeichnet diese Publikation in der Deutschen Nationalbibliografie; detaillierte bibliografische Daten sind im Internet über http://dnb.d-nb.de abrufbar.

Taschenbuchausgabe des Titels »Selbermach-Ideen für den Balkon«, ISBN 978-3-8354-1195-1

Bildnachweis:
Alle Fotos von Frank Neumann

Umschlagkonzeption: Eva Schneider, Gestaltung + Konzeption
Umschlagfotos: Frank Neumann
Lektorat: Sandra-Mareike Kreß
Herstellung: Angelika Tröger
DTP: Eva Schneider

BLV Buchverlag
GmbH & Co. KG

80636 München

© 2016 BLV Buchverlag GmbH & Co. KG, München

 www.facebook.com/blvVerlag

Gedruckt auf chlorfrei gebleichtem Papier

Printed in Germany
ISBN 978-3-8354-1475-4

Hinweis

Das vorliegende Buch wurde sorgfältig erarbeitet. Dennoch erfolgen alle Angaben ohne Gewähr. Weder Autorin noch Verlag können für eventuelle Nachteile oder Schäden, die aus den im Buch vorgestellten Informationen resultieren, eine Haftung übernehmen.

Von Glückskeks bis Lavendelseife

Claudia Költringer
Selbstgemachtes aus dem Garten
Kulinarische Geschenke: Marmeladen, Tees, Liköre, Süßigkeiten, Pasta,
Gewürzmischungen… · Duftende Kreationen für die Schönheit: pflegende
Öle und Cremes, Blütenseifen, Badezusätze, Duftkissen… · Die wichtigsten
Gartenkräuter in Kurzporträts und ihre Verwendung für die Geschenkideen ·
Viele Tipps und Kniffe für dekorative Verpackungen
ISBN 978-3-8354-1476-1